CULTURA DIGITAL Y DE LA INFORMACIÓN

INTELIGENCIA ARTIFICIAL

COMPUTADORAS Y MÁQUINAS INTELIGENTES

JOE GREEK
TRADUCIDO POR ALBERTO JIMÉNEZ

rosen central
New York

Published in 2018 by The Rosen Publishing Group, Inc.
29 East 21st Street, New York, NY 10010

First Edition

Library of Congress Cataloging-in-Publication Data

Names: Greek, Joe, author.
Title: Inteligencia artificial: computadoras y máquinas inteligentes / Joe Greek, translated by Alberto Jiménez.
Description: New York: Rosen Central, 2018. | Series: Cultura digital y de la información | Includes bibliographical references and index. | Audience: Grades 5-8.
Identifiers: ISBN 9781499439670 (library bound) | ISBN 9781499439755 (pbk.) | ISBN 9781499439816 (6 pack)
Subjects: LCSH: Artificial intelligence—Juvenile literature.
Classification: LCC TA347.A78 G74 2017 | DDC 006.3—dc23

Manufactured in the United States of America

CONTENIDO

INTRODUCCIÓN

En 2011, un asombroso principiante derrotó a los dos campeones históricos del concurso televisivo de preguntas y respuestas *Jeopardy*. Ken Jennings, que tenía el récord de más victorias en el programa, con setenta y cuatro apariciones, y su compañero Brad Rutter habían ganado en total más de cinco millones de dólares. Sin embargo, el que los derrotó no era una persona, sino una potente computadora llamada Watson.

Construida por International Business Machines (IBM), Watson era lo que se denomina una *supercomputadora*, es decir, una máquina con capacidad para analizar cantidades monumentales de datos. Watson dio al mundo un ejemplo de un sistema computacional avanzado conocido como *inteligencia artificial* (IA).

La IA hace referencia a las máquinas que realizan tareas —más allá de las meramente físicas— de forma similar a la humana. En resumen, es la inteligencia exhibida por máquinas, como computadoras y robots. El tipo de IA de Watson era capaz de revisar datos y servirse del razonamiento deductivo para identificar la respuesta adecuada, igual que los humanos se sirven de él para descubrir las mejores alternativas y soluciones a los desafíos.

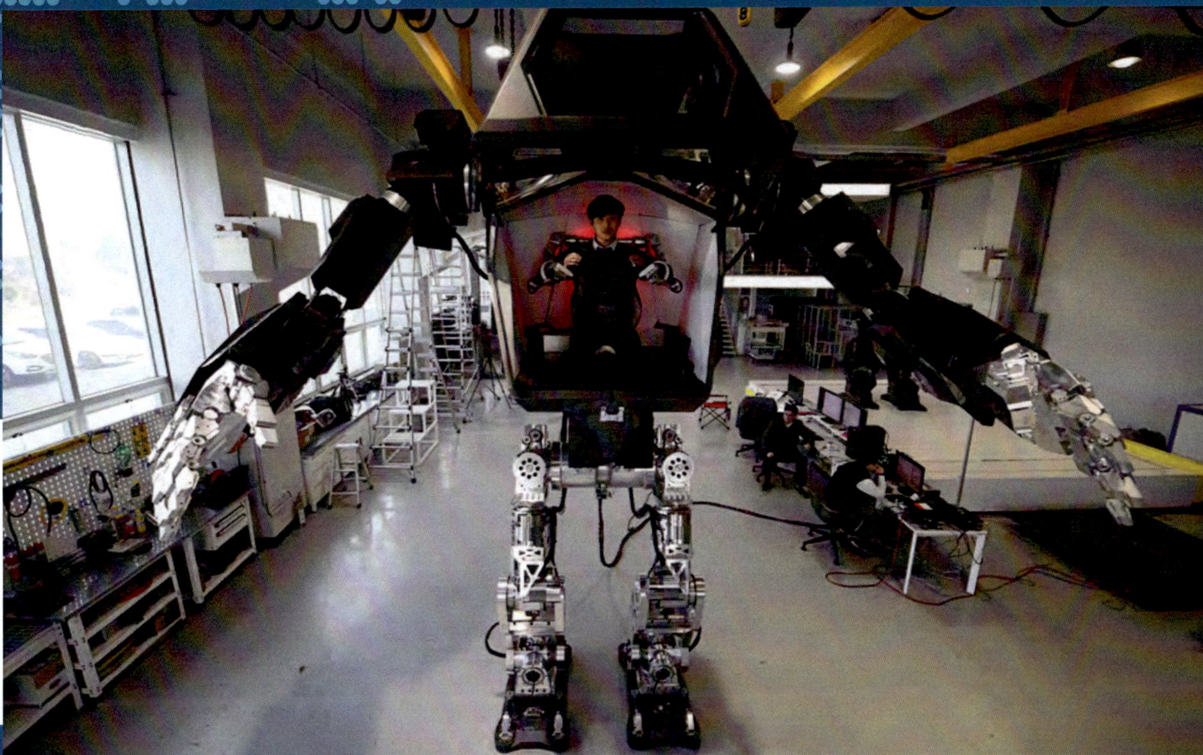

Un ingeniero maneja los 13 pies (4 metros) de altura del robot Method-2 en los laboratorios de Hankook Mirae Technology, en Gunpo, Corea del Sur. Sus brazos son capaces de levantar mucho más peso que cualquier ser humano.

Casi todas las industrias recurren a algún tipo de sistema de IA para efectuar labores que mejoren su eficacia. Al mismo tiempo, la IA se abre paso poco a poco en las escuelas, el trabajo y el hogar. Con las aplicaciones de *smartphones*, *tablets* y otros dispositivos, utilizamos a menudo y sin saberlo, numerosos sistemas de IA.

Cuando estos empiecen a entrar en funcionamiento, cambiará nuestra forma de vida. Aunque sus defensores esperan mejorar las tareas y los procesos laborales, su adopción generalizada puede alterar la fuerza laboral del planeta. El trabajo humano es necesario para la mayoría de las tareas, pero es probable que la IA, incluyendo los robots gobernados por ella, llegue a reemplazarlo. Pese a que la IA puede cambiar a la sociedad y es considerada amenazadora por algunos, son muchos los que siguen entusiasmados con sus posibles aplicaciones.

Internet es otra tecnología que precisó varios años de desarrollo antes de convertirse en algo esencial en nuestro trabajo y nuestra vida. Aunque la IA lleva décadas investigándose, aún está por despegar. Sin embargo, la tecnología en este campo crece de forma exponencial, y cada vez más compañías encuentran modos de crear productos que la utilizan. En solo cuestión de años, adquirirá mayor relevancia y se abrirá camino en más aspectos de la vida.

Considerando que hoy un creciente número de autos no necesitan a nadie para apretar el acelerador ni girar el volante, en el futuro muchos conducirán solos, y el pasajero será únicamente eso: pasajero. La evolución de la IA nos proporcionará un increíble número de posibilidades. Para un futuro sostenible y sin sobresaltos, los humanos deben guiar sabiamente su investigación y desarrollo por el camino del progreso social.

Capítulo 1

De la ficción a la realidad

Al hablar de IA, ciertas personas imaginan robots que viven (o luchan) con la gente en *thrillers* de ciencia ficción. En realidad, los robots actuales y sus iteraciones futuras serán muy diferentes. La IA puede incluso apartarse más de la popular imagen creada por la ciencia ficción. Algunos piensan, por ejemplo, que existirá en el trasfondo —y alrededor— de todos nosotros, de manera parecida a Internet en el siglo XXI. Desde luego, es muy posible que en el futuro sea, tanto una inmensa red de inteligencia, como computadoras y robots personales que nos rodeen.

Primeras representaciones de IA

La idea de que un nivel de inteligencia y conciencia comparable a la humana pueda existir fuera del ser humano lleva siglos considerándose. Una de sus primeras representaciones conocidas pertenece a la mitología griega. Talos, cuya historia data del 500 a. C., era un gigantesco autómata (máquina de funcionamiento autónomo) de bronce que protegía la isla de Creta. Según ciertas versiones, recorría la isla acarreando placas de bronce con leyes grabadas para ejercer de juez y resolver las disputas de sus habitantes.

Se puede considerar a los autómatas como los primeros ejemplos de robots y de los intentos por crear máquinas que imitaran el comportamiento humano. A diferencia de Talos, los autómatas que eran parte de espectáculos, carecían del poder de razonar. No obstante, muchos se diseñaron con apariencia humana, o animal, para engañar al público. Todos utilizaban gran variedad de mecanismos de ingeniería, como alimentación por vapor y muelles de acero, que les permitían realizar acciones concretas. Antiguamente, ciertos espectadores llegaban a pensar que tales creaciones albergaban algún tipo de voluntad propia.

Hoy siguen fabricándose para multitud de usos. Muchos de los decorativos relojes de cuco, por ejemplo, llevan autómatas en miniatura que representan diversas acciones a ciertas horas del día.

Además de los aspectos físicos del movimiento humano, los pensadores llevan siglos intentando descubrir los secretos del razonamiento. Gottfried Leibniz, un famoso matemático y filósofo del siglo XVII, dedujo que el razonamiento podía descomponerse en un lenguaje universal. Según su teoría, conocida como *característica universal*, nuestra capacidad de diferenciar entre el bien y el mal podía traducirse a un lenguaje formal comprensible por todos. Esta teoría es una de las muchas que ayudaron a sentar las bases del estudio de la IA en la moderna programación computacional.

La IA en la literatura

Los ingenieros y los programadores de hoy no han sido capaces de reproducir todavía la inteligencia humana. Sin embargo, no es necesario esperar décadas para que la ciencia esté a la altura de nuestras expectativas. Una visita a la biblioteca más cercana proporciona un montón de historias impresionantes sobre la IA. Una de las más famosas que muestra

(continúa en la página 11)

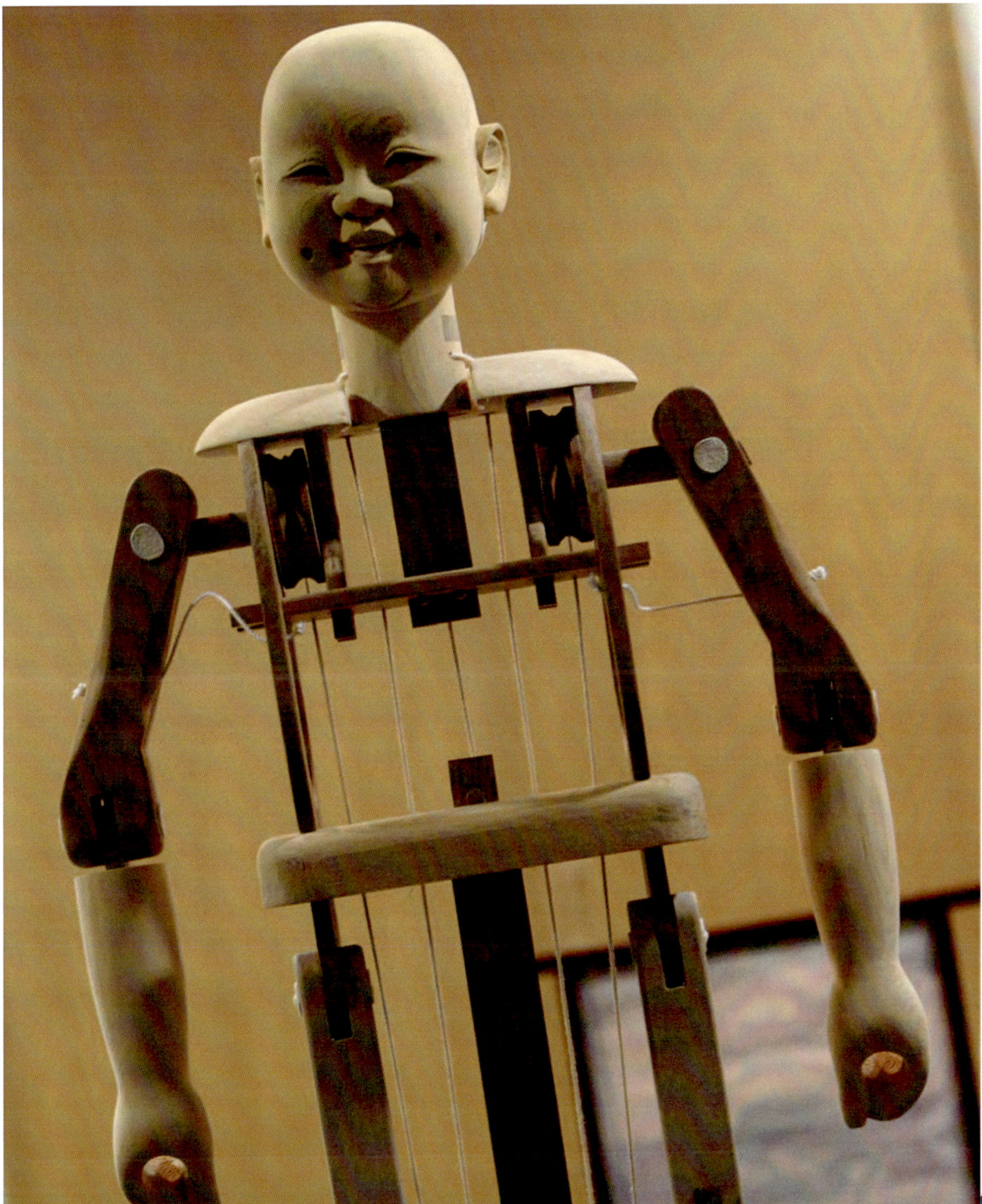

Réplica del siglo XVII de un *karakuri*, muñeco japonés mecánico que servía de entretenimiento tanto en casa como en espectáculos públicos.

File Edit View Favorites Tools Help

LAS TRES LEYES DE LA ROBÓTICA DE ASIMOV

Las tres leyes de la robótica de Asimov

Isaac Asimov, considerado uno de los grandes pioneros de la ciencia ficción, fue un prolífico e imaginativo escritor que abordó a menudo el tema de la IA y su impacto social. Sus escritos sobre IA y robótica se centraron con frecuencia en la potencial amenaza que suponían para los humanos. Con intención de proteger a los personajes de sus historias, incorporó un conjunto de reglas de programación para evitar que los robots pudieran causar daño.

1. Un robot no hará daño a un ser humano ni, por inacción, permitirá que sufra daño.
2. Un robot obedecerá las órdenes humanas, salvo cuando contradigan la Primera Ley.
3. Un robot protegerá su propia existencia siempre que tal protección no entre en conflicto con las leyes Primera y Segunda.

Como era de esperar, las tres leyes dan lugar a vacíos legales con inesperadas consecuencias para los personajes. Aunque Asimov escribió ciencia ficción, es posible que la futura IA requiera reglas de seguridad similares a sus tres leyes.

Isaac Asimov, uno de los principales escritores de ciencia ficción del siglo XX, incluyó a menudo la IA y la robótica en sus historias.

el intento de recrearla es la novela de terror *Frankenstein* (1918), de Mary Shelley. En ella, el doctor Frankenstein da vida a un hombre construido con partes humanas y animales, aunque después eventualmente su propia creación lo destruye.

Los escritores clásicos de ciencia ficción de la primera mitad del siglo XX, como Isaac Asimov, Harlan Ellison y Philip K. Dick, describen sociedades futuras —normalmente situadas en el espacio— donde los humanos viven con robots de una inteligencia comparable a la suya. Muchas de estas historias analizan los potenciales riesgos de crear máquinas capaces de tomar decisiones, y algunas advierten del peligro de que se vuelvan contra sus creadores. En ellas subyace asimismo la expresión de la ansiedad social del siglo XIX —y del XX— respecto a un mundo cada vez más mecanizado y deshumanizado introducido por la industria, la burocracia y ambientes laborales.

En *No tengo boca y debo gritar* (1967), de Ellison, la IA destruye a casi toda la humanidad desatando una guerra nuclear. El daño que la IA puede causarnos no es la única pregunta que los escritores de ciencia ficción se atrevieron a formular. Otra, que los modernos científicos e ingenieros se toman también en serio, es si resulta ético. En *¿Sueñan los androides con ovejas eléctricas?* (1968), Dick reflexiona sobre el significado de ser humano y sobre si un robot puede o no tener conciencia y empatía. En su distópico futuro, deja a los lectores la respuesta de si un ser semejante a nosotros puede ser creado sin más en una fábrica, y lo que eso dice sobre sus creadores.

Capítulo 2

Desarrollo de la IA

Muchos expertos y pensadores especializados en el tema distinguen dos tipos de IA. La "IA débil" es la de sistemas que se desenvuelven con un alto nivel de inteligencia, pero se centran en una tarea o un área concreta del conocimiento. Por el contrario, la "IA fuerte" es la de sistemas que poseen un nivel de inteligencia flexible semejante al humano, y pretenden reproducir un alto nivel de inteligencia en numerosas áreas del conocimiento.

Objetivos de la inteligencia artificial

De momento, la IA fuerte no es una realidad. Sus versiones actuales no llegan ni de lejos a los niveles representados en la cultura popular. La débil, por otra parte, lleva décadas evolucionando y jugando un importante papel en el desarrollo de la tecnología y la sociedad. Sus aplicaciones abarcan un amplio rango de industrias, y la lista de los campos en los que influye no hace más que crecer, por lo que las metas de la investigación varían. No obstante, casi todos los investigadores persiguen unos objetivos comunes:

- **Razonamiento:** Capacidad de sacar conclusiones de la información disponible. Por ejemplo, si un sistema de IA se enfrenta a una puerta y una llave, debería figurarse que la llave sirve para abrir la puerta.
- **Planeamiento:** Para llevar a cabo un plan, un sistema de IA debería ser capaz de planear, lo que incluye imaginar los pasos necesarios y el orden en que deben darse para completar una tarea con rapidez y eficacia.
- **Aprendizaje:** Igual que la gente aprende de sus éxitos y fracasos, el sistema de IA debería aprender de sus actos y aplicar el método de prueba y error.
- **Control de objetos:** El sistema de IA debería ser capaz de controlar objetos con seguridad y eficiencia. Por ejemplo, si un robot sirve para lavar platos o lavar y cepillar mascotas, debería manejar objetos sin romperlos ni dañarlos.

Aunque cada sistema de IA se diseñe para un propósito específico, el objetivo principal de la mayoría de los investigadores es hallar formas de mejorar la vida humana. Los sistemas de IA débil pueden realizar labores que antes recaían en nosotros, permitiéndonos concentrar nuestra pericia en tareas que ella todavía no es capaz de hacer.

Turing, Strachey y Oettinger

A mediados del siglo XX, el estudio de la IA había despegado. En esta época, los gobiernos, las universidades y las organizaciones científicas empezaron a utilizar las primeras generaciones de computadoras. Aunque estas no eran ni de lejos tan potentes como las actuales, sí podían calcular grandes cantidades de datos mucho más rápido que cualquier persona.

En 1950, el matemático británico y pionero de la computación Alan Turing predijo que las máquinas acabarían por reproducir la inteligencia humana e ideó un test, conocido ahora como *test de Turing*, a fin de comprobar si una máquina o un programa la poseía. Para realizarlo, se hacía a una computadora y a una persona una serie de preguntas idénticas; si el evaluador era incapaz de distinguir entre las respuestas de ambas, la máquina pasaba la prueba. Aunque se dice que muchos programas bordaron el test de Turing, aún no existe una IA equivalente a la humana.

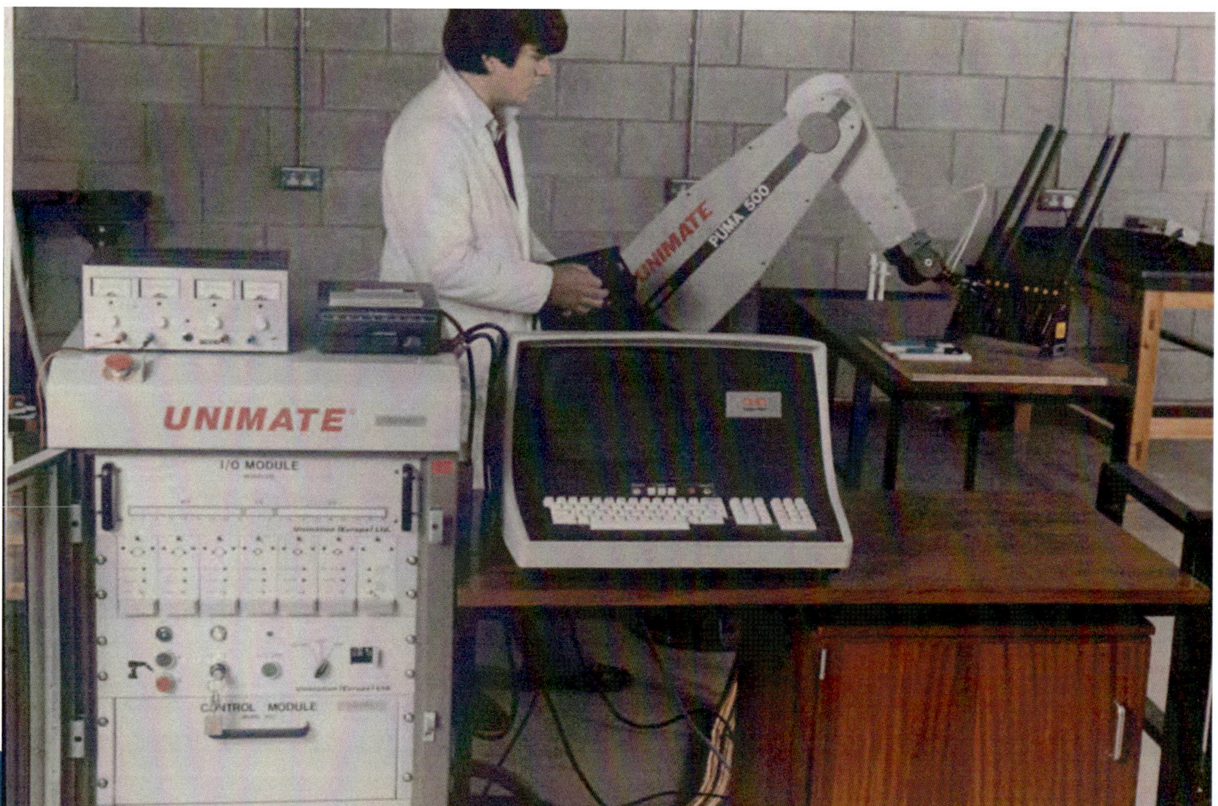

Estos robots, Unimate Pumo 500 y Pumo 560, creados por Computer Integrated Manufacturing Systems (CMS), ayudaron a cambiar para siempre la producción industrial.

En 1951, el científico británico Christopher Strachey, otro pionero de la computación, creó el primer programa exitoso de IA, ya que era capaz de jugar una partida de ajedrez. Fue toda una revolución en la historia de las computadoras y la inteligencia artificial.

Poco después, Anthony Oettinger desarrollaba un programa con capacidad para aprender por sí mismo. En el programa, un supuesto comprador visitaba ocho tiendas buscando diversos objetos y en cada una memorizaba los que había disponibles. Cuando se le ordenaba que obtuviera uno en particular, el "comprador" recordaba en qué tienda lo había visto y lo sacaba directamente de ella.

Desarrollo de los sistemas expertos

La década de 1960 vio nacer varios avances en la investigación de la IA, incluyendo los sistemas expertos, programas diseñados para resolver problemas dentro de áreas específicas del conocimiento. Dendral, creado por la Universidad de Stanford en 1965 y especializado en analizar componentes químicos, fue el pionero.

Estos sistemas constan de dos partes principales: base de conocimientos y motor de inferencia. La base de conocimientos es una colección de datos sobre un tema recopilada por expertos. El motor de inferencia es un programa que escanea la base de conocimientos y evalúa los datos para encontrar la solución de un problema o la respuesta a una pregunta. La ventaja de estos sistemas es que revisan enormes cantidades de datos en mucho menos tiempo que le tomará a un operador humano; ello hace que todavía hoy sigan vigentes para muy diferentes usos comerciales. Por ejemplo, tanto la industria financiera como la médica se sirven de ellos para ayudar a los profesionales a resolver problemas con la máxima rapidez y eficacia.

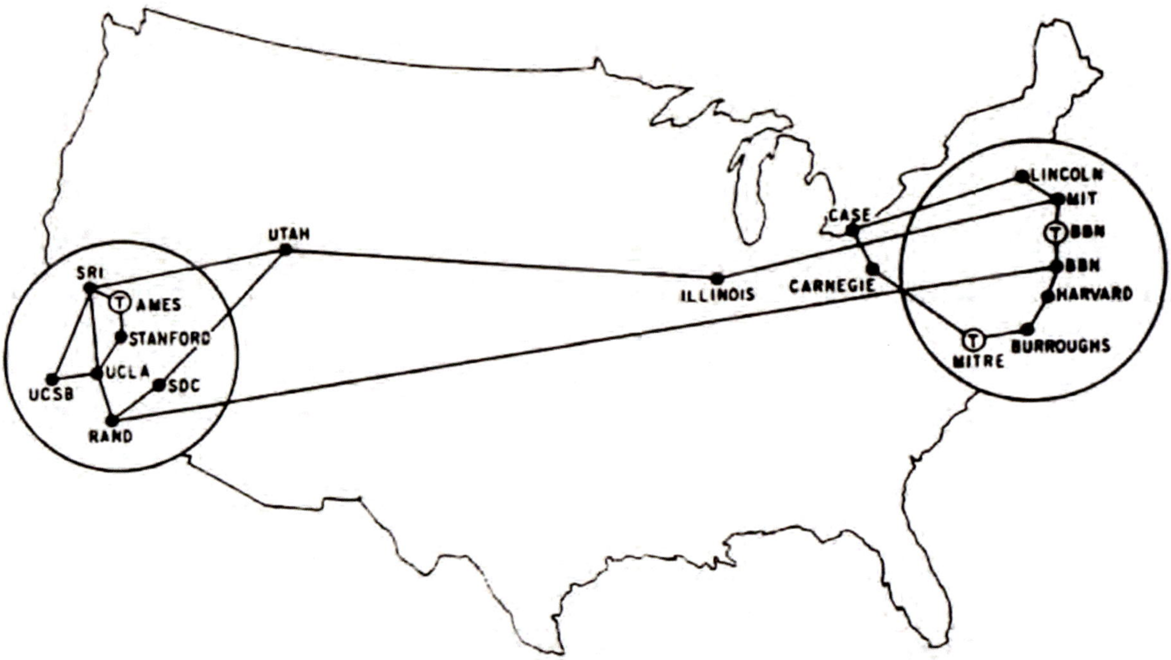

En este mapa vemos los centros de comunicación de 1972 de ARPANET (Advanced Research Projects Agency Network), red creada por el Departamento de Defensa de Estados Unidos y antecesora de Internet.

Mientras Internet se abría camino en los hogares en la última década del pasado siglo y la primera de este, los desarrolladores web encontraban nuevas aplicaciones para los sistemas expertos. Muchas fuentes en línea, como WebMD's Symptom Checker, están construidas con ellos. Los sistemas expertos antes eran utilizados principalmente por las universidades, instituciones gubernamentales y grandes compañías que podían permitírselos; hoy, gracias a la web, están al alcance de todos.

MITOS y HECHOS

MITO **La investigación y el desarrollo de la IA pretende reemplazar a los humanos con máquinas.**

HECHO Aunque los descubrimientos en IA pueden lograr programas y máquinas capaces de realizar tareas humanas, siempre habrá necesidad de humanos expertos. El progreso actual y futuro de la IA requiere y requerirá humanos para iniciar y controlar su evolución tecnológica.

MITO **La IA acabará por escapar al control humano.**

HECHO Muchas historias de ciencia ficción advierten que la IA se rebelará contra sus creadores y dominará el mundo. Los investigadores y programadores de hoy se toman esa amenaza muy en serio. Todos los sistemas son limitados respecto a la cantidad de datos que pueden procesar. Si el cerebro humano es capaz de crear nuevas rutas neurales, los componentes informáticos no pueden cambiar su estado original.

MITO **Estamos cerca del desarrollo de un sistema de IA consciente.**

HECHO A lo largo de los años se han hecho grandes descubrimientos, pero nuestro saber sobre la conciencia humana sigue siendo incompleto y seguirá siéndolo durante mucho tiempo. Construir un sistema de IA pensante y consciente, si tal cosa es posible, llevará como mínimo décadas.

Capítulo 3

La IA moderna

La investigación de la IA sigue adelante en laboratorios de todo el mundo. Aunque en las pasadas décadas a los investigadores e ingenieros no les faltó talento ni ambición para crear sistemas de IA, se encontraban con otras prioridades, como las tecnologías militares convencionales y la biotecnología. Además, la posibilidad de crear una IA realmente avanzada solo se materializó con el avance de los microchips que acompañó la revolución de las computadoras personales.

Hoy, gran parte de la investigación tiene lugar en las universidades, los laboratorios gubernamentales y el sector privado. El aumento de la popularidad de la IA en los últimos años se debe en parte a que las compañías hallan nuevas formas de utilizarla de manera que benefician al público en general.

Más que un juego de ajedrez

Para triunfar en el ajedrez, los jugadores deben examinar una serie de movimientos potenciales y sus resultados antes de tomar decisiones. El gran nivel de los campeonatos requiere inteligencia e instinto.

En consecuencia, pocos logros en el campo de la IA tuvieron tanta repercusión como el enfrentamiento de Deep Blue, la computadora de IBM, con el campeón mundial Garri Kaspárov.

El desarrollo de Deep Blue empezó en 1985, cuando Feng Suing Hsu, un estudiante de la Universidad Carnegie Mellon, empezó a construir una computadora llamada ChipTest que jugaba al ajedrez. Después de que Thomas Anantharaman y Murray Campbell se unieran al proyecto, la computadora se conoció como Deep Thought. Cuando el proyecto se dio a conocer, IBM contrató al equipo para proseguir la investigación en unos laboratorios de vanguardia.

El campeón mundial de ajedrez Garri Kaspárov reflexiona sobre su próximo movimiento en la segunda de sus dos apariciones enfrentándose a la computadora de IBM Deep Blue, en Nueva York, 1997.

En 1989, el maestro de ajedrez Garri Kaspárov derrotó con facilidad a Deep Thought en un encuentro a dos partidas. Sin desalentarse, el equipo siguió investigando y cambió el nombre de su computadora por Deep Blue, mezcla de Deep Thought y Big Blue, apodo de IBM. En 1996, Kaspárov se enfrentó a ella en un encuentro de seis partidas. Aunque Deep Blue podía examinar 100 millones de posiciones de ajedrez por segundo, Kaspárov ganó por 4-2.

En 1997, el equipo de IBM había conseguido que su computadora examinara 200 millones de posiciones distintas por segundo. Este avance tecnológico le dio la precisión necesaria para derrotar a Kaspárov el 11 de mayo del mismo año, por 3.5 a 2.5. Kaspárov, disgustado por perder frente

Ley de Moore

En 1965, Gordon Moore observó que con el avance anual de la tecnología de las computadoras, el número de transistores por pulgada cuadrada de los circuitos integrados se duplicaba. Su análisis demostró que mientras la tecnología crecía a un ritmo exponencial, los recursos necesarios para hacerla posible declinaban. Recuerden que las primeras computadoras ocupaban pisos enteros de edificios.

Hoy, los *smartphones* portátiles son más potentes que la mayoría de las computadoras caseras de la década de 1990. El análisis de Moore, más tarde cofundador de Intel, se conoce como *ley de Moore*. Esta regla general sugiere que dentro de veinte años podríamos encontrarnos con sistemas de IA mucho más avanzados, quizá incluso que rivalicen con las complejas rutas del cerebro humano.

a una máquina, salió del escenario muy enojado. Aunque la victoria de Deep Blue fue un hito en el desarrollo de la IA, la computadora no puede clasificarse de IA fuerte, ya que solo se dedicaba a una tarea: derrotar a Kaspárov.

Supercomputadoras de gran saber

Deep Blue no era típica; era una máquina especializada conocida como *supercomputadora*, de las más potentes del mundo en aquel momento.

Uno de los factores que distingue a las supercomputadoras de las convencionales es que tienen más de una CPU (unidad central de procesamiento). La CPU es el componente primordial de la máquina, ya que actúa como su cerebro: interpreta datos y hace cálculos. Las primitivas contaban solo con algunas CPU, pero eran capaces de procesar enormes cantidades de datos mucho más rápido que los humanos. De hecho, ni siquiera un gran número de expertos trabajando con los mismos datos se acercaba ni de lejos a su velocidad de procesamiento.

Se considera que la primera fue Naval Ordnance Research Calculator (NORC) de IBM, que estuvo en servicio de 1954 a 1963 para calcular trayectorias de misiles. El desarrollo de NORC y otras supercomputadoras coincidió con la Guerra Fría, largo período de décadas marcado por las grandes tensiones entre Estados Unidos y la antigua Unión Soviética, hoy Rusia. La posibilidad del estallido de una guerra condujo a los principales gobiernos a invertir en supercomputadoras e inteligencia artificial.

En los años noventa, su precio había bajado, por lo que las empresas empezaron a interesarse por ellas. En décadas anteriores contenían solo algunas CPU, pero en los noventa contaban con miles. Desde entonces se utilizan en multitud de industrias para investigar el mercado y mejorar las prácticas empresariales, y las fuerzas armadas están entre sus usuarios más productivos. Hoy, países de todo el mundo siguen compitiendo año tras año en la construcción de computadoras más grandes e inteligentes.

Cray-1, supercomputadora presentada por Cray Research e instalada por primera vez en 1976 en Los Álamos National Laboratory, Nuevo México, tuvo tanto éxito que se vendieron ochenta unidades, a 10 millones de dólares cada una.

La IA en la nube

La "nube" es un importante recurso actual para la nueva tecnología. Muchos de los datos y del *software* a los que accedemos en línea se almacenan en servidores de Internet en lugar de en el disco duro de nuestros dispositivos. Puede considerarse que esta información está en una nube con numerosos datos más de Internet, razón por la cual lleva ese nombre. Cuando alguien ve una película en Netflix, accede a datos de la nube.

Hay una tendencia creciente de particulares y empresas a utilizar las tecnologías de la nube. La información basada en ella está disponible desde cualquier punto con conexión a Internet, por lo que resulta muy práctica para quienes viajan con frecuencia o para grupos que trabajan juntos en los mismos proyectos.

Muchos programadores creen que la computación en la nube supone un gran cambio para el desarrollo y la investigación de la IA. En esencia, la nube posibilita el acceso de los particulares a la potencia de las supercomputadoras sin necesidad de tener una. Este avance también abre la puerta para que más personas y empresas las utilicen, así como programas de IA, lo que antes hubiera costado cientos o miles, si no millones, de dólares. Numerosos sistemas similares a los de IA de la nube son gratuitos y dan servicio al público en general. Google, por ejemplo, proporciona libre acceso a sistemas que traducen idiomas e identifican imágenes. Cuando los navegadores sean aún más intuitivos y el *software* conectado a ellos más sofisticado, los cimientos para la futura IA serán incluso más sólidos.

El avance de la automatización

La tecnología, que engloba entre otras cosas la IA y la robótica, lleva décadas mejorando. Esto incluye la automatización, es decir, la capacidad de la maquinaria o equipo de operar con poco o nulo control humano. Esa capacidad de autorregulación permite a las máquinas realizar tareas que antes recaían en las personas. Aunque la automatización básica lleva siglos existiendo, los sistemas de IA posibilitan que dichas tareas sean más sutiles y complicadas.

Un ejemplo corriente es el cajero automático, que realiza una serie de labores que hacían los empleados del banco. A través del cajero, alimentado por una computadora y con conexión a Internet, podemos hacer reintegros y depósitos y mirar el saldo y los movimientos de las cuentas sin tener que entrar a la sucursal. Estas máquinas están

Muchos tecnólogos creen que los servidores remotos que alimentan la tecnología de la nube potenciarán la evolución de la IA. Aquí, un operario mantiene los servidores del Prineville Data Center de Facebook, en Prineville, Oregón.

por todas partes, incluyendo estaciones de servicio, tiendas de comestibles y centros comerciales. Un ejemplo de máquina automatizada que utiliza sistemas de IA más avanzados se encuentra en el vehículo autónomo. Los ingenieros llevan experimentando con autos robóticos desde principios del siglo XX, pero los primeros realmente autónomos se construyeron en la década de 1980 en la Universidad Carnegie Mellon.

Hasta hace poco, solo los ingenieros, los científicos y los investigadores en automoción tenían acceso a esta tecnología, pero ahora hay muchos autos en el mercado, como los fabricados por Tesla, con varios grados de competencias autónomas, o al menos el potencial

El fabricante de automóviles alemán Volkswagen presentó en 2017 un prototipo de vehículo llamado Cedric, que aquí vemos en el Salón Internacional del Automóvil de Ginebra, Suiza.

de tenerlas. Su Modelo 3 está equipado con un *hardware* de auto-conducción. Aunque estos vehículos están todavía unidas por la ley, dicho *hardware* permitirá al Modelo 3 y a los demás vehículos de Tesla hacer realidad su autonomía en un futuro cercano.

También las fábricas y los centros de distribución se automatizan cada vez más. La compañía de comercio electrónico Amazon posee numerosas instalaciones donde robots circulan por inmensos almacenes para recoger los productos que piden los clientes. Las manufacturas, como los fabricantes de automóviles, incluyen asimismo robots en sus cadenas de producción y montaje; estas máquinas construyen partes que anteriormente eran ensambladas por gente.

Pese a que los logros citados ponen de manifiesto un alto nivel de complejidad e ingenio, se consideran sistemas de IA débil en vez de fuerte. No obstante, las aplicaciones asociadas con automatización e IA están modificando de manera drástica la industria mundial, y todo indica que nos esperan cambios aún mayores.

Capítulo 4

Rediseñar la sociedad

Es probable que el continuo desarrollo de la IA juegue un importante papel en la evolución de la sociedad y la civilización. Su impacto ya se nota en nuestra forma de vivir. Con la llegada de Internet, la hiperconectividad en línea es la norma en la mayoría de las sociedades occidentales, lo que representa un cambio inmenso respecto a cincuenta años atrás. Es evidente que dentro de cinco o diez años, y con más razón dentro de cincuenta, la influencia de la IA en la vida cotidiana será mucho mayor.

El poder de la IA al alcance de la mano

Ya hay millones de personas que tienen al alcance sistemas avanzados similares a los de IA. Quizá no seamos conscientes, pero muchos de los *smartphones* y las *tablets* que utilizamos a diario están equipados con un grado variable de esta tecnología. En 2011, Apple presentó su aplicación de ayudante personal inteligente, Siri, que utiliza un *software* de reconocimiento de voz para ayudar a los usuarios en numerosas tareas.

La tecnología existente, como las Google Glass que aquí lleva la enfermera de un hospital, puede formar parte de nuevos proyectos de IA. Estas lentes en concreto sirven de modelo para robots con procesamiento visual.

Por ejemplo, se le puede pedir que busque direcciones, encuentre una receta o añada un evento al calendario. También otros fabricantes de *smartphones* y demás dispositivos cuentan con sus propias versiones de Siri, así como con un catálogo de aplicaciones basadas en la IA que realizan diferentes tareas.

Otro dispositivo que se sirve de la IA es el sistema de visualización montado en casco, como las Google Glass, que en esencia cubren el campo visual del usuario con un monitor de computadora. Sus posibles aplicaciones son muchas, y algunas mejorarán la vida de los usuarios.

El Autism Glass Project, por ejemplo, trata de desarrollar un programa para reconocer caras y expresiones faciales, a fin de que los pacientes de autismo, que suelen tener dificultades para interpretarlas, dispongan de un análisis en tiempo real de lo que están viendo.

En la calle y en la casa

Quizá en el futuro la IA cambie por completo nuestra vida cotidiana. Ya mencionamos los vehículos autónomos, pero no su posible impacto en la sociedad. Según explica la Universidad de Stanford en *Cien años de estudio de la inteligencia artificial*, en 2030 estos vehículos serán ampliamente adoptados por los conductores, y su fiabilidad y seguridad les animará

Los aspiradores robóticos autónomos, comercializados a principios de la década del 2000, son el primer ejemplo de sistema relacionado con la IA que se hizo popular en los hogares.

a salir de las ciudades. En resumen, esto provocará un profundo cambio en la distribución de la población humana.

Cuantas más tecnologías con IA se creen, más se transformará la vida en casa. Muchos hogares disponen ya de aspiradores autónomos programados para limpiar. En el futuro, habrá un creciente número de aparatos de IA conectados a Internet que se comunicarán entre sí para efectuar distintos quehaceres, como gestión de seguridad, energía y suministros. Por ejemplo, se están preparando refrigeradoras que identifican los alimentos consumidos; cuando un producto se acabe, la refrigeradora se lo comunicará al propietario para que lo reponga, o incluso lo comprará en línea para que se lo envíen. La IA promete liberarnos de las monótonas y fastidiosas tareas repetitivas.

Cambiar la atención médica

Los sistemas de IA están a punto de cambiar también la industria de la atención médica. Hoy ya existen aplicaciones de *smartphone* que monitorizan el ritmo cardíaco y la actividad física para ayudarnos a mejorar las rutinas de ejercicio. En el futuro, habrá sistemas que relacionen lecturas y datos de pacientes para tomar decisiones médicas, y que escaneen bases de datos de enfermos para identificar características y tendencias comunes. Este podría ser el inicio de una época de diagnósticos certeros y rigurosos.

Además, la IA libraría al personal médico de tareas como la gestión de historiales clínicos. No necesariamente supondría el reemplazo de los especialistas, al menos a corto plazo, pero daría apoyo a personas y equipos. Esa colaboración con los responsables permitiría a los enfermos recibir una asistencia más personalizada de sus médicos, que a menudo se enfrentan a escasez de personal y exceso de pacientes. En un futuro lejano, sin embargo, quizá existan robots tan habilidosos que sepan realizar complicadas intervenciones quirúrgicas, de neurocirugía, por ejemplo. En cualquier caso, faltan muchos años y descubrimientos para que el público en general deje en manos de robots procedimientos tan delicados.

File Edit View Favorites Tools Help

TECNOLOGÍA EN EL CAMPO DE BATALLA

Tecnología en el campo de batalla

Ejércitos de todo el mundo utilizan sistemas de IA en drones aéreos y terrestres para vigilar las instalaciones y el territorio enemigos, a fin de facilitar los ataques aéreos. El Departamento de Defensa estadounidense se centra en la IA aplicable a cazas, bombarderos y otras aeronaves robóticas, y la Armada investiga vehículos marítimos guiados por IA. Evocando el *thriller*, y las secuelas, de la década de 1980 *Terminator*, es probable que las guerras del futuro sean libradas sobre todo por máquinas. Por supuesto, los debates morales que acarreará esta mecanización serán complejos. Evitar que los soldados sufran daños no conllevará conflictos menos sangrientos, teniendo en cuenta los muchos civiles que son víctimas del fuego cruzado. Además, los operadores que manejen drones a miles de kilómetros de distancia seguirán padeciendo estrés postraumático, como ocurre con numerosos excombatientes actuales.

Dos marineros de la Armada de EE. UU. revisan un dron del USS Mesa Verde mientras navegan por el Atlántico en unas maniobras.

¿Destructora o creadora de empleos?

A muchos les preocupa que la prominencia de la IA en la vida cotidiana suponga la eliminación de millones de puestos de trabajo, lo que perjudicaría aún más a una clase trabajadora diezmada por la automatización del siglo XX. De hecho, los empleos en las manufacturas se redujeron debido a la eficiencia de las máquinas, y es probable que la IA se infiltre en toda industria donde las personas son la mayor fuerza laboral.

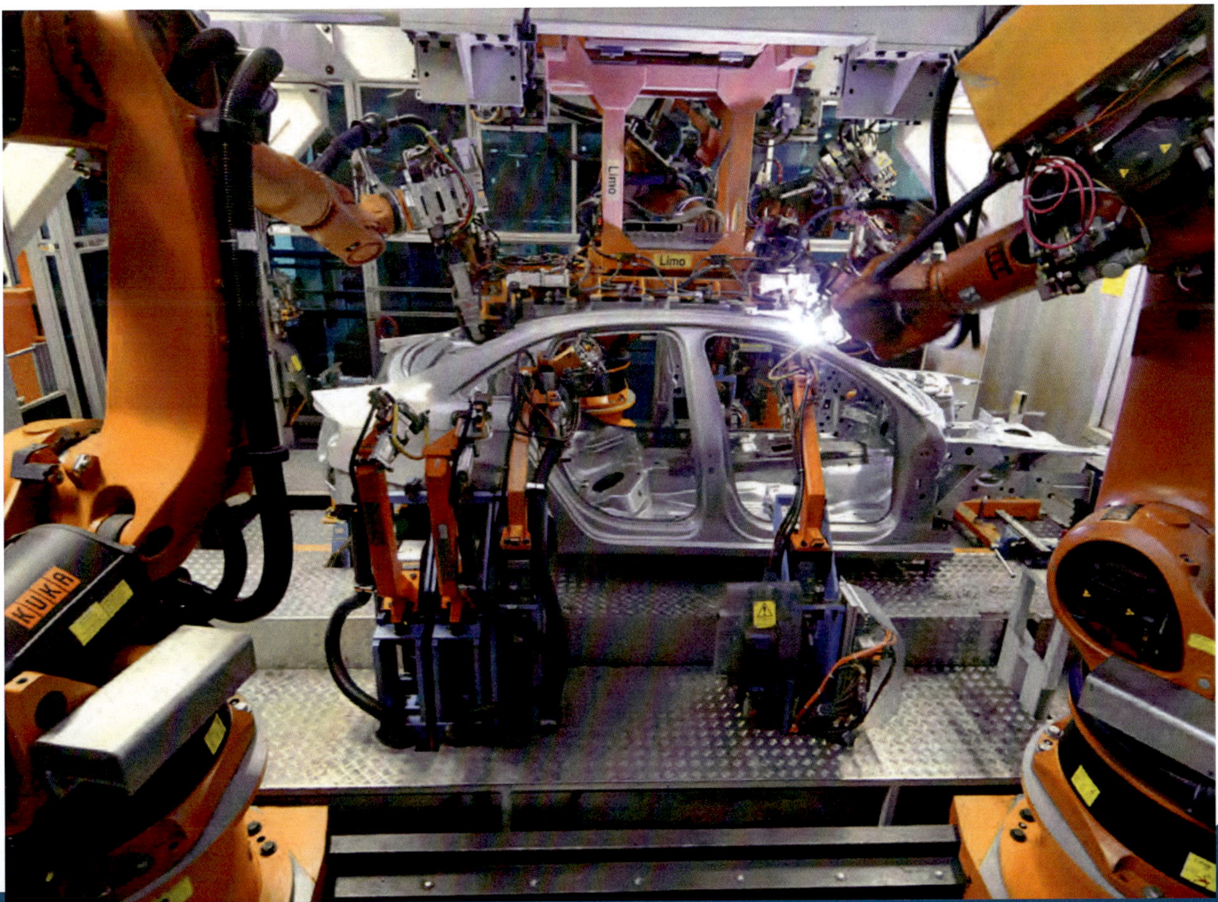

Sistemas robóticos colaboran en el montaje de un automóvil Audi en una fábrica de Ingolstadt, Bavaria, Alemania. Es probable que algún día las fábricas funcionen casi sin gente.

Una pérdida de puestos de trabajo generalizada, aunque fuese gradual, traería graves consecuencias. En las últimas décadas, la disminución de empleos en las manufacturas de Estados Unidos y otros países industrializados solo se compensó con trabajos mal remunerados del sector servicios, lo que resultó devastador para muchas comunidades. ¿Qué pasará cuando la IA y los robots desplacen también a los trabajadores de ese sector, como los empleados de tiendas y restaurantes? Para gobiernos, particulares, investigadores e intelectuales será un enorme desafío encontrar la forma de mitigar el golpe.

Por el contrario, la IA podría generar nuevos empleos e industrias hoy desconocidas. Los humanos siempre serán necesarios para innovar. El desarrollo es consecuencia de siglos de imaginación y seguirá siendo desarrollada para ayudar a la humanidad, no para perjudicarla. Al final, los humanos seguirán soñando con nuevas áreas de investigación y tecnología, en las cuales la IA jugará un papel primordial.

Capítulo 5

Planificar una carrera de IA

La IA abarca áreas distintas del conocimiento. Si planeas dedicarte a ella, debes considerar qué áreas te interesan más. No obstante, la ciencia de la computación es el elemento básico de su investigación y desarrollo. La mayoría de las industrias utilizan computadoras y tecnologías de Internet. Los proyectos centrados en la IA serán de lo más estimulantes. La programación está en el núcleo de casi toda la ciencia computacional que hace funcionar Internet y los dispositivos conectados a la red. La IA es un campo arduo y competitivo que reclama los mejores especialistas.

Análisis predictivo y aprendizaje

Un requisito previo para construir IA capaz de aprender es estar familiarizado con el análisis predictivo, rama de la investigación centrada en los programas que hacen predicciones sobre el futuro. Este análisis identifica modelos dentro de datos para hacer suposiciones fundamentadas de lo que ocurrirá tras realizar ciertas acciones, y tales suposiciones se basan en gran medida en la habilidad del programa para aprender de acciones pasadas.

A fin de trabajar en esta rama de investigación y desarrollo de la IA, normalmente se debe obtener un título universitario en Ciencias de la Computación. Los interesados en esta trayectoria profesional suelen encontrar trabajo creando programas basados en datos y algoritmos complejos. Muchas compañías, como las redes de medios sociales, utilizan el análisis predictivo para elaborar programas que interactúen con la gente. Un ejemplo de este análisis en el mundo real es el servicio al cliente del chat de un sitio web que formula a los usuarios una serie de preguntas para dar respuesta a una cuestión o a un problema.

Visión computacional y procesamiento de lenguajes naturales

Ciertas ramas de la IA pretenden mejorar la interacción humana, por lo que se necesitan expertos en visión computacional y procesamiento de lenguajes naturales (PLN). Como sucede con el análisis predictivo y el aprendizaje de máquinas, estas disciplinas suelen requerir un título en Ciencias de la Computación. El PLN ayuda a romper barreras lingüísticas entre gente conectada a Internet de todo el mundo. El traductor de Google, por ejemplo, es un programa gratuito de PLN que traduce numerosos idiomas. Aunque tanto el PLN como la visión computacional cuentan ya con grandes logros, queda mucho por hacer para perfeccionar ambos sistemas, y es evidente que los dos alcanzarán relevancia en la ingeniería robótica de las futuras máquinas que controlen los hogares y los centros de trabajo.

Ingeniería robótica

Mientras que la programación computacional da forma al cerebro de la IA, la ingeniería robótica se ocupa del cuerpo. La profesión de ingeniero robótico empieza con una titulación en Ingeniería Eléctrica o Mecánica, a menudo enfocada hacia la robótica. Los ingenieros diseñan y prueban robots que se utilizarán en múltiples aplicaciones, como manufacturas o usos militares. En general, hacen la mayoría de su trabajo con diseño de *software* asistido por

(continúa en la página 36)

Este equipo de alumnos de instituto programa y construye un robot. En los últimos tiempos crece el interés por la robótica, lo que se materializa en forma de clubes, cursos y otras actividades.

Cynthia Breazeal, profesora del Instituto Tecnológico de Massachusetts (MIT), posa delante de su robot humanoide Kismet, que interactúa con la gente mediante la voz y la expresión facial.

computadora. Los modelos computacionales simulan la funcionalidad del robot antes de obtener financiación y contratar trabajadores que construyan las máquinas reales. Los ingenieros robóticos deben ser conocedores en electrónica y saber cómo conectar los componentes que conforman la máquina. Si la IA fuerte progresa, algún día serán capaces de construir androides similares a los que describe la ciencia ficción.

La agencia espacial NASA construyó el robot Val, que aquí camina ante un grupo de estudiantes del centro de robótica de la Universidad de Massachusetts Lowell.

Más allá de la universidad

Casi todos los trabajos relacionados con la IA requieren titulación universitaria. Algunas compañías y sectores exigen incluso algún curso específico en esta tecnología.

Es probable que todas las industrias contraten profesionales relacionados con la IA, pero los gobiernos suelen ser los grandes proveedores de fondos para investigación y a menudo se asocian con universidades, por lo que el trabajo en estos dos sectores es una apuesta segura.

Jóvenes entusiastas reciben consejo de adultos sobre el montaje de radios en el Mt. Elliott Markerspace de Detroit, Michigan, instalado en el sótano de una iglesia de un barrio desfavorecido.

Forjarse una carrera relacionada con la IA, sin embargo, no tiene por qué esperar a la universidad. Los estudiantes pueden ir preparándose para el vigor de la investigación y el desarrollo concentrándose en las matemáticas, la ciencia, la ingeniería y los cursos de computación de su escuela. Mientras tanto, es recomendable que investiguen la IA y decidan si esta es la rama específica del CTIM —ciencia, tecnología, ingeniería y matemáticas— en la que quieren buscar oportunidades.

10 PREGUNTAS PARA UN EXPERTO EN IA

1 ¿En qué área de investigación de IA trabaja?

2 ¿Qué títulos universitarios o de otro tipo tiene?

3 ¿Cuáles son los mayores desafíos de su trabajo?

4 ¿Qué le gusta más y qué le gusta menos de su trabajo?

5 ¿En qué tipo de proyectos trabajó?

6 ¿Qué programas utiliza más en su trabajo?

7 ¿Cuál será el próximo gran adelanto en IA?

8 ¿Qué industrias utilizan más la IA?

9 ¿Qué prácticas me sugiere hacer?

10 ¿Qué se aconsejaría a sí mismo si estuviera comenzando?

GLOSARIO

analítica Información obtenida por un programa de computadora tras analizar datos o estadísticas.

autismo Trastorno psicológico caracterizado por problemas de comunicación e interacción personal y, a veces, por comportamientos obsesivos o reiterativos.

autónomo Que existe o funciona de manera independiente.

conciencia Estado en que se conoce la propia existencia y se es capaz de pensar de forma independiente.

dato En computación, cualquier información o contenido transmitido normalmente en forma de código numérico a través de la infraestructura de Internet.

ético Conforme a normas claramente establecidas sobre el bien y el mal en contextos concretos.

hito Hecho clave dentro de un ámbito o contexto.

industria Agrupación de empresas que ofrecen un producto o servicio específico.

mitología Historias ficticias centradas a menudo en las deidades y los héroes de un grupo particular de gente.

neural Perteneciente o relativo al sistema nervioso y las neuronas.

revolucionar Cambiar drásticamente o por completo un proceso o sistema que era aceptado como norma.

transistor Dispositivo electrónico para controlar el flujo de electricidad de un equipo electrónico, como una computadora.

PARA MÁS INFORMACIÓN

Allen Institute for Artificial Intelligence
2157 North Northlake Way, Suite 110
Seattle, WA 98103
(206) 548-5600
Sitio web: http://www.allenai.org
Facebook: @AllenInstuteForAI
Twitter: @AllenAI_Org
Esta organización fue creada por Paul Allen, cofundador de Microsoft, para investigar y construir sistemas de IA centrados, sobre todo, en los campos científico y médico.

Association for the Advancement of Artificial Intelligence (AAAI)
2275 East Bayshore Road, Suite 160
Palo Alto, CA 94303
(650) 328-3123
Sitio web: http://www.aaai.org
Twitter: @RealAAAI
Esta organización científica sin ánimo de lucro pretende avanzar en el conocimiento y la comprensión de la IA, así como promover un enfoque ético de su investigación y desarrollo.

Canadian Artificial Intelligence Association (CAIAC)
Sitio web: https://www.caiac.ca
Esta asociación promueve la investigación, el desarrollo y la educación en la comunidad canadiense de IA mediante el intercambio de conocimientos. El grupo reúne profesionales de la industria canadiense de investigación y desarrollo de la IA, y organiza eventos y concursos.

Computing Research Association (CRA)
1828 L Street NW, Suite 800
Washington, DC 20036-4632
(202) 234-2111
Sitio web: http://www.cra.org
Facebook: @ComputingResearch
Twitter: @CRATweets
YouTube: @ComputingResearch
La misión de la CRA es promover la innovación y la tecnología reuniendo profesionales de la industria, el gobierno y el mundo académico. Pretende aumentar la comprensión de la investigación computacional acrecentando las relaciones con legisladores y el público en general.

Machine Intelligence Research Institute (MIRI)
2030 Addision Street, 7th Floor
Berkeley, CA 94704
Sitio web: https://intelligence.org
Facebook: @MachineIntelligenceResearchInstitute
Twitter: @MIRIBerkeley
Este grupo sin ánimo de lucro lucha por aumentar el conocimiento matemático que subyace en la estructura del comportamiento inteligente, a fin de colaborar en la construcción de sistemas de IA.

Sitios de Internet

Debido a la naturaleza cambiante de los enlaces de Internet, la Editorial Rosen dispone de una lista de sitios en línea relacionados con el tema de este libro. Este sitio se actualiza con regularidad. Use este enlace para acceder a la lista:

http://www.rosenlinks.com/DIL/AI

MÁS LECTURAS

Behnam, Salemi. *Robot Building for Teens*. Independence, KY: Cengage Learning, 2014.

Berlatsky, Noah. *Artificial Intelligence* (Opposing Viewpoints). Farmington Hills, MI: Greenhaven Press, 2011.

Ceceri, Kathy. *Making Simple Robots: Exploring Cutting-Edge Robotics with Everyday Stuff*. San Francisco, CA: Maker Media, 2015.

Ceceri, Kathy. *Robotics: Discover The Science and Technology of the Future with 20 Projects* (Build It Yourself). White River Junction, VT: Nomad Press, 2012.

Flasinski, Mariusz. *Introduction to Artificial Intelligence*. New York, NY: Springer Publishing, 2016.

Freedman, Jeri. *Robots Through History* (Robotics). New York, NY: Rosen Central, 2011.

George, Dr. Binto, and Gail Carmichael. *Artificial Intelligence Simplified: Understanding Basic Concepts*. Bettendorf, IA: CSTrends LLP, 2016.

Kaspárov, Garry. *Deep Thinking: Where Machine Intelligence Ends and Human Creativity Begins*. New York, NY: Hachette Book Group, 2017.

Niver, Heather. *Careers for Tech Girls in Computer Science* (Tech Girls). New York, NY: Rosen Publishing Inc., 2016.

Ryan, Peter. *Powering Up a Career in Robotics* (Preparing for Tomorrow's Careers). New York, NY: Rosen Publishing Inc., 2016.

Winter, Max. *Powering Up a Career in Artificial Intelligence* (Preparing for Tomorrow's Careers). New York, NY: Rosen Publishing Inc., 2016.

BIBLIOGRAFÍA

Bell, Lee. "What Is Moore's Law? WIRED Explains the Theory That Defined the Tech Industry." *Wired*, August 28, 2016. http://www.wired.co.uk/article/wired-explains-moores-law.

Best, Jo. "IBM Watson: The Inside Story of How the Jeopardy-winning Supercomputer was Born and What it Wants to do Next." TechRepublic, September 9, 2013. http://www.techrepublic.com/articleibm-watson-the-inside-story-of-how-the-jeopardy-winning-super-computer-was-born-and-what-it-wants-to-do-next.

Goodwins, Rupert. "Debunking the Biggest Myths About Artificial Intelligence." Ars Technica, December 25, 2015. https://arstechnica.com/information-technology/2015/12/demystifying-artificial-intelligence-no-the-singularity-is-not-just-around-the-corner.

Ha, Thu-Huong. "Researchers Want to Use Google Glass to Help Autistic People 'See' Emotions." Quartz, October 21, 2015. https://qz.com/528840/researchers-want-to-use-google-glass-to-help-autistic-people-see-emotions.

Lewis, Tanya. "A Brief History of Artificial Intelligence." LiveScience, December 4, 2014. http://www.livescience.com/49007-history-of-artificial-intelligence.html.

Maney, Kevin. "How Artificial Intelligence and Robots Will Radically Transform the Economy." *Newsweek*, November 30, 2016. http://www.newsweek.com/2016/12/09/robot-economy-artificial-intelligence-jobs-happy-ending-526467.html.

Markoff, John, and Matthew Rosenberg. "The Pentagon's 'Terminator Conundrum': Robots That Would Kill on Their Own." *New York Times*, October 25, 2016. https://www.nytimes.com/2016/10/26/us/pentagon-artificial-intelligence-terminator.html.

Matlis, Jan. "A Brief History of Supercomputers." *Computerworld*, May 31, 2005. http://www.computerworld.com.au/article/132504/brief_history_supercomputers.

Metz, Cade. "Google Is Sharing Its Powerful AI with Everyone in Its Cloud." *Wired*, March 23, 2016. https://www.wired.com/2016/03/google-sharing-powerful-ai-everyone-cloud.

Newman, Daniel. "Why IoT Will Give Rise to Artificial Intelligence." *Forbes*, August 11, 2016. https://www.forbes.com/sites/danielnewman/2016/08/11/why-iot-will-give-rise-to-artificial-intelligence/#d44f909602ce.

Simonite, Tom. "2014 in Computing: Breakthroughs in Artificial Intelligence." MIT Technology Review, December 29, 2014. https://www.technologyreview.com/s/533686/2014-in-computing-breakthroughs-in-artificial-intelligence.

Stone, Peter, et al. "Artificial Intelligence and Life in 2030." One Hundred Year Study on Artificial Intelligence: Report of the 2015-2016 Study Panel. Stanford University, Stanford, CA, September 2016. https://ai100.stanford.edu/2016-report.

Trckova-Flamee, Dr. Alena. "Talos." *MMIX Encyclopedia Mythica*, March 3, 1997. http://www.pantheon.org/articles/t/talos.html.

Walter, Damien. "When AI Rules the World: What SF Novels Tell Us About Our Future Overlords." *Guardian*, March 18, 2016. https://www.theguardian.com/books/booksblog/2016/mar/18/ai-sf-novels-artificial-intelligence-science-fiction-gibson-neuromancer.

ÍNDICE

Acerca del autor

Con experiencia en periodismo, Joe Greek escribe sobre diversos temas relacionados con la tecnología y su impacto en la sociedad. Algunos de sus títulos en esta colección son *Social Activism Online: Getting Involved* e *Incredible Projects Using 3D Printing*.

Créditos fotográficos

Cover, p. 1 (left to right) Nestor Rizhniak/Shutterstock.com, Denys Prykhodov/Shutterstock.com, Tinxi/Shutterstock.com, ESB Professional/ Shutterstock.com; p. 5 Jung Yeon-Je/AFP/Getty Images; p. 9 jeremy Sutton-hibbert/Alamy Stock Photo; p. 10 Allan Tannenbaum/Archive Photos/ Getty Images; p. 14 WS Collection/Alamy Stock Photo; p. 16 Apic/Hulton Archive/Getty Images; p. 19 Stan Honda/AFP/Getty Images; p. 22 Charles O'Rear/Corbis Historical/Getty Images; p. 24 Bloomberg/Getty Images; p. 25 Harold Cunningham/Getty Images; p. 27 Boston Globe/Getty Images; p. 28 Daniel Krason/Getty Images; p. 30 U.S. Navy photo by Mass Communication Specialist Second Class Brent Pyfrom/Released; p. 31 ullstein bild/Getty Images; p. 35 Thomas Barwick/Taxi/Getty Images; p. 36 Sam Ogeden/Science Source/Getty Images; p. 37 © AP Images; p. 38 Christian Science Monitor/Getty Images; cover and interior pages (pixels) © iStockphoto.com/suprun.

Diseñador: Nichole Russo-Duca; Puesta en papel: Raúl Rodriguez; Director editorial, español: Nathalie Beullens-Maoui; Editor: Ana María García; Investigador fotográfico: Karen Huang